君は君らしく、いればいいんだよ。

真戸原　直人

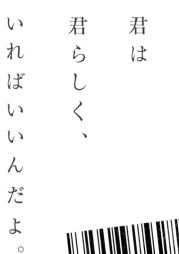

ブックデザイン：グッドデザインカンパニー
ＤＴＰ：カラーズ

あなたへ何が出来るか、考えている。

その言葉は、世界を変える。

世界とは、この世のすべてを指すわけではなくて
いま、この本を目の前にしている
〝あなた自身〟のこと。

他の誰でもない、
あなたに贈りたい言葉が
この本には、たくさんある。

この世に生を受けてから、
最後の日まで
僕らはきっとたくさんの情報を浴びるだろう。

迷いもするし、間違えることもある。
そんなに強くないし、
だから強がったりもする。

だけど、うん、大丈夫。
僕らには、言葉がある。

自分ではない、
他の何者かになろうとしていた。

気付かないうちにまわりと自分を比べて
足りないところばかりが見えて
自分を、見失ってしまう。

誰よりも自分を信じられなくて
完全ばかりを求めていたあの日。
自分で自分を、認められなかった。

「いいんだよ」って
言ってあげられなかった。
そんな〝あの日〟を抱えたままの
あなたに贈りたい。

君は君らしく、いればいいんだよ。

上手く笑えなくたっていい。
不器用でもいい。

ここにある言葉を胸に
どこまでも、共に行こう。

目次

まえがき　4
1章　想い　～恋との出会い～　11
2章　夢　～希望～　41
3章　気付き　～感受～　73

4章　喪失　～決別～　105
5章　時流　～春夏秋冬～　137
6章　愛　～哲学～　169
7章　笑顔　～幸せ～　199
あとがき　230

1章　想い　～恋との出会い～

世界がそう
慌ただしく回っても

今はただ少しだけ
君に触れていたい

1章　想い ～恋との出会い～

衣食住と君だけ必要です

いつでも自然と君の隣にいるように

「君を悲しませることが
全て消えてしまいますように」

こんな力があるならば、
君が無駄に涙を流すことなんてないのに。
あらゆる出来事は、
それを乗り越えられる人にやってくると誰かが言った。
それでも、少しでも困難や悲しい事は
起こらないでほしいと願っている。

明るく振る舞う
君の奥には

寂しさがいる事はわかるよ

君は君が思うほど弱くないから

それでも夢を見たい　夢を見させたい

不安はずっとあるだろう
涙も流れるだろう

でもね
全て僕らの内側で
起こることだよ

お洒落なカフェもブランドも
分かりはしないが

貴方の涙の理由はわかるよ

知識ばかりを手にして、
見た目やライフスタイルばかりを気にして、
隣にいる人が見えなくならないように。

喜び悲しみもそれぞれ
あなたはあなたで僕は僕さ

でもね
いつも傍にいるからね

朝焼け
夕暮れ
眠れぬ夜
全て

君と過ごしていられたら
それでいい

初期化するならば君とがいいな

あなたはいつでもそのままでいいの

自分ももう少し、あんな風に出来たらな。
どうして自分は、こうなんだろうな。
誰が決めてるの？

君は君らしくいればいいんだよ
上手く笑えなくてもそれでいいんだよ

2章　夢 ～希望～

変わらずにいること　変わってくこと

「お前、変わったな」

「お前、変わらないな」

どっちを言われたい？

どっちを言われても、
元々の自分を見てくれていた人の言葉。

「お前、変わったし、変わってないな」

あたり前だけど、優しい言葉。

根拠なき自信など実はありません

2章　夢 ～希望～

僕らは　実は弱くない

何時でも一歩を
踏み出せるでしょう

2章　夢 ～希望～

大切にしたいんだよ　現実も理想も全て

諦めるにはまだ早すぎる

タメイキなんて　深呼吸に変えてしまえばいいさ

2章　夢 ～希望～

夢を描いているのも
当たり前じゃない

忘れちゃいけない

2章　夢 ～希望～

誰にも見つけられぬ
花でさえ

咲き誇る理由は
きっとあるのでしょう

夢なら遅かれ早かれ咲く

誰の為じゃなく　自ら輝け

その時まで咲け

2章　夢 ～希望～

壊され　潰され
そのたび何度でも形を変えていけ

今を強く踊れ

僕らは前を見て
歩くようにできてるんだ

歩幅をちょっと広げてそうさ
夢描く自分を信じよう

祖母とのお別れの日。涙に暮れていた親族は、食事をしながら、
少しずつ明るくなっていた。
悲しみに溺れそうになっても、鼓動が胸を打ち、血が巡る限り、
人間の感情は浮き上がる力があると信じている。
後ろ向きより、前向きの方が歩きやすい。

貴方が笑ってくれるなら　前へと進めるよ

夢を描くのに遅い早いは　意味がないから　行こう

今更、今から、男なのに、女なのに、
普通はそうでしょ？　普通は違うでしょ？
生きていくマナーを持っていればいい。
先入観は、邪魔をする。　さあ、何をしようか。

変わりない暮らしの形でも大切な未来航路なのです

3章　気付き　～感受～

広い世界では
意味も無い様な
悩みを抱えて

僕らは生きる

思考回路の癖。
耐え切れないほどの、悲しみや苦しみが胸の中にある。
抜け出せそうにない。
そんなに苦しいと感じても、それには関係なく、
朝は来る、陽は雲の中から顔を出す。
大きな大きな悩みや不安は、
宇宙から見たら、小さな小さな波動。

完全なる自己表現なんて

まだ完璧には
出来ないもんな

成長なんてしたつもり　僕はそれが怖い

沢山の人が溢れてるからこそ

自分が自分でいられる事が
大切な気がした

みんな人間。
その一人ひとりに、感情や背景がある。
全く知らない人でも、たまたま座った隣の人でも、
一瞬交差点で、すれ違う人も。
目に見えないけど、性格も持っている。
みんな同じじゃない。みんなそれぞれ。
だから、自分は、自分らしく。

誰もがそう　ゼロで生まれた

人は誰もが実は優しい

だからこそ時には苦しい

なんだ　僕のこの瞳がいけないんだなあ

日に日に、固まっていく価値観。
大人になるって、そういう事？
守るものも、自分が大切にしてきた歴史があることだけ？
隣をすれ違っただけの人の、大切なものは？

上とか下とか気になる
自分を見失いそうになる

その度僕らは思い出す
答えなど求めずに走った日を

そろそろ僕らは全てを感じ

何をすべきかを
問わなくちゃ

自由はきっと不自由の中に在るだろう

自由しかない世界。創造するだけで、暗闇しかみえない。

そうか
僕の理想探せばいいいんだなぁ

誰かと同じだったら
僕が僕じゃないみたいだ

不器用なままでいいんだ
君は君だ

しがみつき
明日を追いかけよう

「何でも上手くできるんだね」
そう言われてしまう人ほど、
不器用に生きているのかもしれない。
要領がいいと自分で思うほど、
周りに助けられている事に気付けず、
感謝が出来ずに、要領が悪かったり。
表裏一体。

変わらない日々なんてないが　忘れない心がある

使い古された言葉も　大切な思考回路なのです

捨てられない事

捨てちゃいけないモノもあるから
今はそれをただ探して行くだけ

変わり続ける時代や世界。
必要なものと、不必要なものも出てくる。
物質的なものは、感情的なものに影響もする。
大切なものは、必要じゃなくても、捨てないでいい。

4章　喪失 ～決別～

「変わらないでね」

小さな声が
今でも胸の中で
残り続けてるよ

今も信じているよ
いつも忘れないよ

手を振る君の瞳を

愛し合う事が好きなのに

どうして人は人を
傷つけるのかな

雨が降るように泣ければいいのに

愛する人と話すのが好き。触れ合うことが好き。
同じ時間を過ごす事が好き。
それなら、もう一歩想像力を進めてみたら、
あまり自分が好きじゃないな、という人も、
誰かに愛されたり、誰かを愛していたりする。
プラスの感情から生まれる思考回路で進めたら。

積み上げた思い出を貴方は今も覚えてますか？

僕はどうして大人になりたいんだろう

人という
物に生まれて

淋しさ
悲しみ
不安を知った

様々な「命」の種類の中から、「人」として生きている。
笑顔も持ち合わせながらも、
悲しい気持ちも人類ならではの感覚で涙を流す。
空は、笑いも泣きも実はしない。
人という生命体に生まれた責任は？

もう二度と後悔なんてしたくは無い

伝えたくても
伝え切れなかった想いと

何処までも
歩いていく

時が流れ
僕達も変わった

戻れない日があることも知った

どんな別れにも意味が　必ずそこにある

4章　喪失 ～決別～

流れ辿り着く未来に

希望の光などは
射しません

わからないから、人任せにしている事。
興味が湧かないから、見向きもしない事。
そういう事ほど、とても大切な事があって、
それが大切だって知ってる人は、
「大切だよ」って、あまり教えない。
だから、知ろうとしなくちゃ。

諦め続けて手にした今には

宇宙さえ包むほど
光があるから

流れた今日に
サヨナラ告げて

限りある未来を見つめよう

「闇や絶望もね　人生にとっては
短いトンネルみたいなもんだな」

いつか会えたら　こんなセリフを
少しだけ強がりながら言えたならいい

5章　時流　～春夏秋冬～

春が来るのは　現在を　動かす為

夏が来るのは　明日を　生きてく為

秋が来るのは　過去を　忘れる為

冬が来るのは　心　休める為

思い出すことは容易くて

忘れることは難しくて

もっと簡単に、忘れられたらいいのに。
必要だから、記憶の網にひっかかったままなのか。
昨日のことのように覚えていること。
いまは、いらないのに。

生きてる意味とか
探してしまう

本当は生かされてる
ただそれだけ

走り出せなくても
立ち止まっても

それぞれのペースで
僕らは生きている

君と見た　最後の雪は　春を迎えてくれるでしょうか

過去が去るのは　今を　認める為

未来、来るのは　自分　信じる為

5章　時流 ～春夏秋冬～

未来は何時でも　僕等の手の中

教えてくれたのは

教科書じゃなく音楽の中

限りある時間の中で
答えのない旅をしてる

心は実は胸じゃなく頭にある

生まれたときから、一日一日、カウントダウン。
どこへ向かう？　何のために？
思考回路は止むことなく、
血液を回すようにと指令を出す。
感情が、身体に影響を与える。
目に見えないものが集まって、目に見える形を作る。

もう二度と会えない人も
もう一度会える人にも

最大の「らしさ」でね
触れ合うことに決めよう

あの日
転んで泣いた帰り道に
抱きかかえてくれた
母のヌクモリのよう

それによく似た
温かいもの
それが未来だよ

ゆっくり歩いて
たまには休んで

色んな世界がある事を感じてみて

きっと何十年も
何千年も前からね
笑顔は人を癒すモノで

悲しい涙は
誰もが見たくないと
願ったでしょう

どんどん時代は変わっていって、この言葉だって、
紙で読まれているか、電子信号で読まれているかもわからない。
どんどん便利になって、どんどん変わっていく。
変わらないもので、大切なもの。
それは、時代が変わっても、大切なもの。

白く降り積もる
カナシミさえも

やがて春迎え
解けていくだろう

春の訪れのように

何もない所から
ここまで来たから

どうにかなるさ

6章　愛〜哲学〜

扉を開くのは自分自身のようです

人は誰も　選び選ばれ

この星で呼吸する時間与えられた

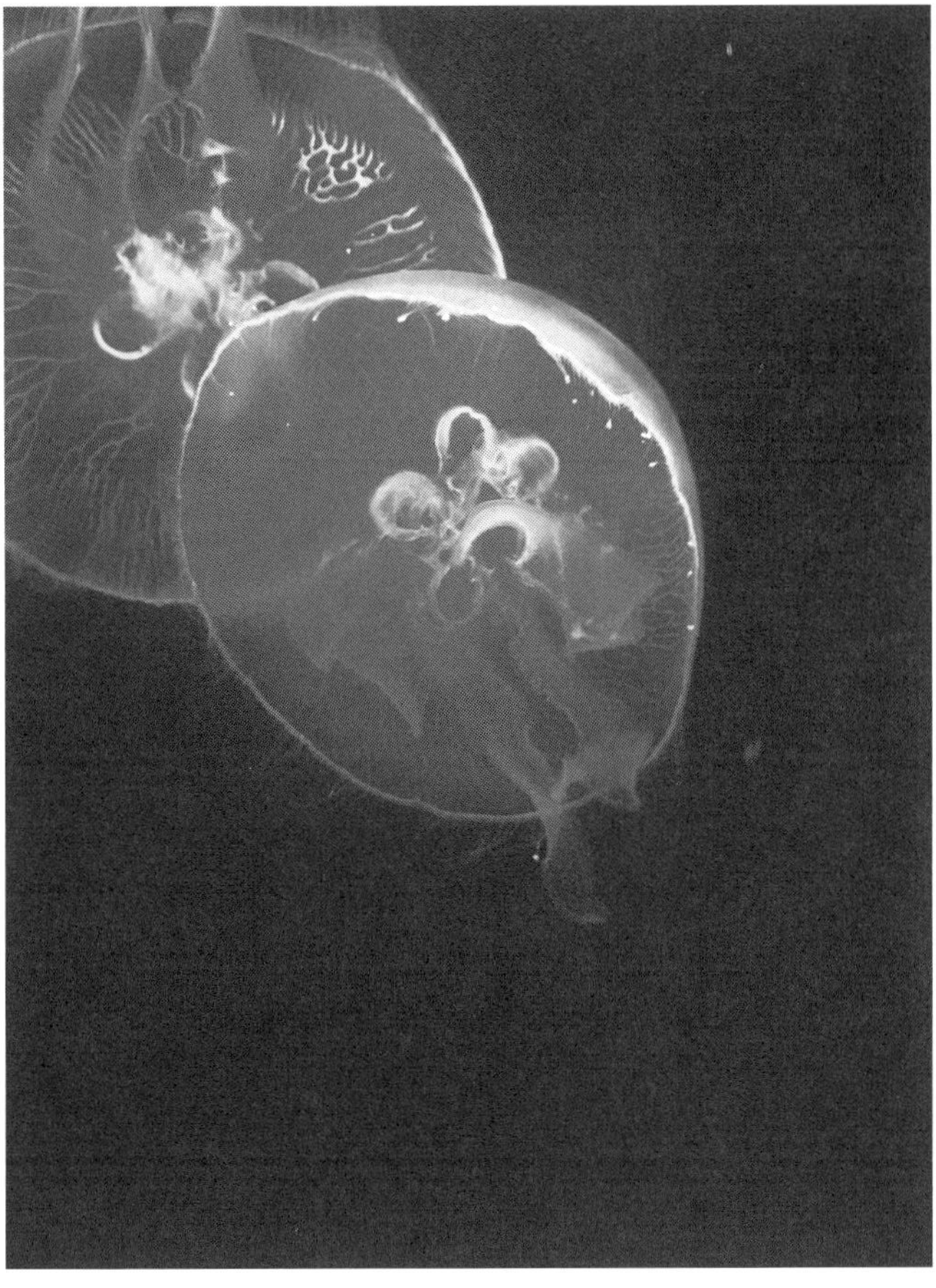

君を愛してみよう　特に深い訳はないですが

人は愛され
愛すのでしょう

誰も悲しみは欲しくない

傷つけあわずに　求めるのです

体温という言葉を感じてもらえるように

体温が、温度になるまえに。

幸せは数や
大きさじゃないな

大切な人が傍にいるという
ヌクモリだったんだなあ

急な雨もやがて河となり貴方を潤すだろう

「世界が少しでも幸せに溢れますように、、、」

小さくて大きな願い。
いろんな種類が涙にはあるけど、大人が作るこの世界。
悲しい涙が子ども達に流れないように。

ヌクモリ残るそのうちに　手を繋いでいたいのです

愛したい　信じたい

ただそれだけなんだ

どこまでいっても、最後は人で、人の感情で。
シンプルさを見失いそうになったら、
自分の感情と会話する。

大切に思うほど
上手くはいかないけど
足元に転がる
小さな幸せに
気がつけばいいいんだよ

僕らは前を見て
歩くようにできてるんだ

心の身体　君に捧げよう
本当に大切な事は声にしよう

どんなに仲が良くても、
どんなに長い間時間を共に過ごしても、
心の中の全ての声は聴こえなくて。聴いてもらえなくて。
想像してもされても、全てはわかり合えなくて。
声がその隙間を埋めてくれるひとつの機能。
隙間を広げてしまう事もある。
だからこそ、綺麗な言葉を。

人は誰も皆「弱さ」と向き合い
傷つけ合ったり羨んだりするけど

「優しさ」という名の陽射しを浴びて
僕らは明日を咲かせるのです

7章　笑顔　〜幸せ〜

ほら　簡単だよ

本当は僕らに必要なものは
沢山はないだろう？

生きていく上で、本当に大切なものはなに？
なくなったら、生きていけないと本気で思うものはいくつある？

くだらない事が楽しい　それだけでいいんだよ

君が君で
居られる事が何より

生きてく意味に変わる

大丈夫　君は今でも誰かに愛されてるよ

何かを捨ててみたんだ

何かを手にする為に

見えない何か大きなものに押し潰されぬように

悲しみなんて
他人が見てみたら

想像できない
そんなものさ

近くにいる人が気付かないような悲しみなら、
たいしたことないのかな?
と、考える。
誰も自分の事、わかってない、ではなくて。

思い出して欲しいんだ

僕らは何となく
笑えるだけで幸せなんだ

叶わぬ恋なら
忘れてしまえば
いいけれど

愛せた自分の心にも
少し優しくしてごらん

君が君らしくいられるように

恋　愛　夢　未来
掴みにくいものばかり求めて
傷つけたりするけど
咲いたり枯れたりしながら
理想の自分を信じて今を信じて
歩いていけばいい

まだ見ぬ向こう側へと

今日までの涙の数
今日からの優しさになる

「そんな日もあったね」と
しわくちゃな顔して笑いあおう

君が迷ってるのは
目に見える道だけ

夢の旅路は無限にある

この道行ってもダメだろうな、じゃあ他の道行こう。
ちょっと待った、そもそも、道なんてないんじゃない？
全て陸。国境が空から見たらないように、
進むべき場所へ、進みたいように。

あなたとなら最後は笑う

いつもいつも
傍に居させて

僕に何が出来るか、考えている。

あとがき

楽しんでもらえたでしょうか？

楽しんでほしいというより、少し元気になってもらえたなら嬉しいです。

ミュージシャンという道を歩き続けて20年の月日が経ちますが、詩を書き始めたのは高校生の頃なので、もっと前になります。僕にとって、詩を書くことは、ある種セラピーのような効果がありました。

小学校から続けてきた野球を高校入学時に辞めてしまい、自信を失った僕は学校では友達を一切作らず、学校には単純に通うだけ。授業が終わると、音楽を聴く事、本を読む事、映画を観る事だけを楽しみにしていました。それでも「自分は何者か？　どうしてこんなに上手く生きれないのか？」の自問自答を繰り返す癖が、時に心を締め付けていました。そんな中、ふとその思いをノートに書いてみようと思いつき、書き始めました。

すると、心がどんどん軽くなった。
これが僕の初めての「詩」となります。

そして、その「詩」に、覚えたてのギターでメロディをつけて、歌ってみた。
それが僕の初めての「作詞・作曲」となります。

やがて大学へ進学し、国際言語文化学部欧米語英米文化学科に進み、在学中のなりたい職業は映画の翻訳家。卒業論文も「ビートルズの言葉」。そんな日本語とは遠い環境の中、バンド活動を始めてからの歌詞には英語は一切使いませんでした。それには訳があって、英語で感情を上手く伝えられない、という単純な勉強不足な部分と、日本人として、日本人に感情を伝える際、日本語の方がより深く伝わるという想いが強かったからです。映画をよく観ていた僕は、やはり洋画のホラーより、邦画のホラーの方が怖かったし、感動する映画でも邦画の方が心の色んな部分が動くのを感じていたから。そして何より大きな理由は、大学で受けた講義の中で

「日本語は、世界で2番目に美しい音を出す言語である」

という、とある教授の言葉が何故か心に強く残っていたから。

「美しい音で、なおかつ想いを形に出来る仕事がしたい」

それが、僕がミュージシャンを目指すきっかけでした。

あれから20年以上が経って、その言葉たちが一冊の本になる。

そんなお話を頂いた時、日本語にこだわって歌詞を書いてきてよかったなと。

僕らが奏でているＪＰＯＰというジャンルは、正直、英語などを混ぜて作詞をした方が、ノリやハマりがいいメロディが沢山あり、何度か、「ここは何となく英語の単語を入れ込んでしまおうかな？」という誘惑もあったのですが、その道はなるべく選ばずに自身のバンドでは、作詞をしてきたので、まるで「よく頑張りました」と言ってもらえているような感覚に包まれたのと同時に、ここからまた、新たなる挑戦をするための、「点」を作って頂いた心持ちになりました。

本を出版するにあたり、内外出版社の小高さんから、「デザインはどうしましょうか？」というご相談を頂き、真っ先に思いついたのは、グッドデザインカンパニー。すぐに代表の水野さんにメールをしました。水野さんとは、アンダーグラフのデビューシングル『ツバサ』からのお付き合い。曇り空の中、青空での撮影を待っていた時、心配そうな僕の顔を見て「大丈夫、もう少ししたら晴れると思うから」と、お天気アプリもない時代にあっけらかんとした顔で、缶ジュースと缶ビールを買ってきてくれて一緒に飲んでいた。すると、1時間もしないうちに、空は晴れ渡り、数枚の写真を撮って撮影終了。

あの日の思い出は、今でも忘れられない。

デザインももちろん素敵だが、思考回路も素敵な人。

ちなみに、この本の表紙のデザインはなんと200種類くらい提出してくれて、その中のひとつ。その他のデザイン案の紙は、僕の宝物として大切にしまってある。

改めて、この本の出版に関わってくださった内外出版社の皆様、デザインをしてくれた、グッドデザインカンパニー様に感謝しています。

この本を手にして、読んでくれた皆様にも「ありがとう」を伝えたいと思います。
本棚の隅っこでもいいので、置いておいてください。
人生に悩んだり立ち止まった時に開いてもらって、
背中を押せたらと思っています。

心が、曇り空の時はジュースやビールを飲んで、時が経つのを待ちましょう。
あっ、チョコやスナック菓子もあっていい。

やがてやがて、きっと晴れるから。

真戸原 直人

引用した歌詞（言葉）

3「僕に何が出来るか、考えている。」

1章　想い〜恋との出会い〜

12「ハローハロー」
14「衣食住と君だけ」
16「自然と君へ」
18「言葉」
20「アンブレラ」
22「ヒューマンフラワー」
24「僕らが奏でるその訳は、、、。」
26「イーゼル」
28「スローライフ」
30「夢を乗せて」
32「二人」
34「アナログｃｐｕ」
36「君の声」
38「君が君らしくいられるように」

この本の言葉は、アンダーグラフの楽曲より歌詞を引用しています。以下、引用曲名をすべて記載。※数字はページ数

2章　夢〜希望〜

42「夏影」
44「君の日、二月、帰り道」
46「パラダイム」
48「体温という言葉」
50「ビューティフルニッポン」
52「ユメノセカイ」
54「自然と君へ」
56「空へ届け」
58「去年今年」
60「埋もれた花達へ」
62「フォルム」
64「イーゼル」
66「バースデーシグナル」
68「君に言いたいこと」
70「セカンドファンタジー」

3章　気付き〜感受〜

74「恋奏花」
76「イキル」
78「第三次成長期」
80「夢を乗せて」
82「素敵な未来」
84「おんなじキモチ」
86「心の瞳」
88「恋奏花」
90「白い雨」
92「自由論」
94「心の瞳」
96「真面目過ぎる君へ」
98「タイムリープ」
100「セカンドファンタジー」
102「ユビサキから世界を」

4章　喪失〜決別〜

106「君の住む街へ」
108「ツバサ」
110「地球船」
112「地球船」
114「遠き日」
116「ユビサキから世界を」
118「春風満帆」
120「春前の灯火」
122「記憶」
124「五色の虹」
126「素敵な未来」
128「ユビサキから世界を」
130「恋奏花」
132「イーゼル」
134「素敵な未来」

5章　時流〜春夏秋冬〜

138「遥かなる道」
140「君の住む街へ」
142「ビューティフルニッポン」
144「夏影」
146「最後の雪」
148「遥かなる道」
150「2011」
152「君が笑うため生きてる」
154「幸せのカタチ」
156「君に言いたいこと」
158「君が笑うため生きてる」
160「時代」
162「春前の灯火」
164「春風満帆」
166「鼓動」

6章　愛〜哲学〜

170「セカンドファンタジー」
172「地球船」
174「ピース・アンテナ」
176「時薬」
178「ハローハロー」
180「体温という言葉」
182「おんなじキモチ」
184「セカンドファンタジー」
186「幸福連鎖」
188「ユビサキから世界を」
190「ai-shi-tai」
192「イーゼル」
194「心の瞳」
196「恋奏花」

7章　笑顔～幸せ～

200「ハジマリ」
202「ファミレスにて。」
204「アンブレラ」
206「また帰るから」
208「また帰るから」
210「hana-bira」
212「odore!!-hanero!!」
214「鼓動」
216「旅立ちの日」
218「君が君らしくいられるように」
220「四季」
222「幸せのカタチ」
224「君が笑うため生きてる」
226「旅する花の物語」
229「僕に何が出来るか、考えている。」

真戸原直人（まとはら・なおと）

一九七七年七月二七日生まれ、大阪府枚方市出身。二〇〇〇年、ロックバンド・アンダーグラフ（UNDER GRAPH）を結成し、ボーカルとギターを担当。バンド名には「表面的でない心の奥にある喜怒哀楽を形にした音楽を創っていく。」という意味を込めている。誰しもが抱える心の葛藤に真っすぐ届くメッセージ性のある歌詞と、シンプルかつ創り込まれたメロディが、生きづらさを感じる人達の背中を後押ししてきた。二〇〇四年にリリースしたメジャーデビューシングル『ツバサ』は、世代を超えて支持される名曲。日産自動車、東京ガスのＣＭナレーション、「私立恵比寿中学」や「Ｖ６」への作詞提供など、マルチな才能も発揮。今作が初の著書となる。

君は君らしく、いればいいんだよ。

発行日　2020年11月25日　第1刷

著　者　真戸原 直人
発行者　清田 名人
発行所　株式会社 内外出版社

〒110-8578
東京都台東区東上野2-1-11

電話03-5830-0368(企画販売局)

印刷・製本　中央精版印刷株式会社

ISBN 978-4-86257-537-1
日本音楽著作権協会(出)許諾第2008664-001号